JN409240

고석원 제 18시집

해야 솟아라!

엠-애드

열여덟 번째 시집을 내면서

작년 7월에
열일곱 번째
시집을 내고 나서,

일 년 여 만에
또 시집을 내기는
어려운 일이지만,

할 일이 많아
이번에도
금년 9월에,

18집 [해야 솟아라]에
두려운 마음으로
시 64편을 골라

나와 내 시를
사랑하는
독자님들께 바칩니다.

2016. 9. 8
저자 松波 高錫元

Contents

차례

1부 들꽃 같은 사람

2부 해야 솟아라!

3부 천기(天氣)

4부 은파에서

5부 땅메뚜기

1부 들꽃 같은 사람

들꽃 같은 사람

내 시집을 받고 너무 기뻐서
내가 보는 앞에서
시집을 품에 안고 몸부림치던
들꽃 같은 사람이 있었는데,

그 모습이 하도 진실 되고
순수하게만 보여서
그날 나는 집에 와서도
그 모습을 떠올리곤 했었는데,

날이 갈수록
그 들꽃 같던 그 사람 그때 모습이
문득문득 떠오르고
한 번 만나보고 싶지만,

내가 그 사람에 대하여
아는 것이라고는
충청도서 왔다는 시인이란 것뿐이니…
아, 그래서 내가 더 편안한지도 몰라!

꿈에도 몰랐어요 2

그대가 변할 줄은
난 꿈에도 몰랐어요.
세상이 다 변한대도
그대만은 변하지 않을 줄 알았어요.

당신은 한번 약속을 하면
이유가 없었어요.
특히나 내가 보고 싶다면
무슨 일이 있어도 천리 길을 달려왔으니까…

여느 사람들과는 질적으로
다른 줄만 알았거든요.
그래서 우리의 사랑만은
누가 뭐래도 영원할 줄만 알았어요.

그대가 지금은 떠났다 해도
언젠가는 나를 못 잊어
다시 돌아올 줄만 알았어요.
정말이지 난 꼭 그럴 줄만 알았어요.

당신은 내 안에 계십니다

당신은 비록
그렇게 떠나셔서
강산이 두 번이나 변하도록
돌아오시지 않고 계시지만,

나는 여직껏
당신을 한 번도
내게서
떠나보낸 적이 없습니다.

그리고 지금까지
단 한 번이라도
당신을
미워해본 적도 없습니다.

지금도 옛날
그 모습 그대로
내 안에 계실 뿐입니다.
그래서 나는 당신 때문에 늘 행복하답니다.

나는 정말 행복합니다

당신은 오늘 불쑥 내게 오셔서
그 아름답고 고운 손을
당신의 그 예쁜 뺨에 대고
방실방실 함박꽃을 그려 보이셨지요?

오늘따라 내 모습이
더 멋져 보인다고
한 마디 말만 해놓고는
쫓기 듯 사라져버리셨지요!

내 말은 들어보지도 않고
그냥 가버리셨지만,
내게는 멋져 보인다는 그 한 마디가
어떤 칭찬보다도 좋았으니…

당신을 볼 때 마다
덩달아 함박꽃이 되니
나는 당신 때문에
언제나 정말 행복합니다!

그래도 3

당신은
내 곁에 와서
살고 싶다고
말씀하셨지요!

당신의
그 말씀은
내가 듣고 싶은
말이지만,

그래도 난
당신이 아직
오시지 않았으면
좋겠습니다.

오셨다가
다시 가신다면
아니 옴만
못하기 때문입니다.

그래도 4

불러도 또 불러도
대답 없는 님아!
아무리 불러도
소용없는 줄 알면서도

그래도 내가 더
불러보고 싶은 것은
내가 그댈 너무
사랑하기 때문이다.

끝내 대답하지
않아도 좋다.
그래도 난 그대를
계속 부를 것이다

그래야만
내 마음이
좋고
편하기 때문이다.

나는 울었습니다

당신은 언제나 그러듯이
오늘도 잠시 오셔서 나를
한 번 가볍게 안아만 주시고
그냥 가버리셨습니다.

당신의 그런 모습이
내게는 항상 아쉽지만
아무리 그래도
내가 그냥 참고 넘기는 것은,

그걸 불평이라도 했다가
다시 오지 않는다면
그 사람 말고 내게는
찾아오는 이 아무도 없으니…

너무나도 외로워
살 수 없을 테니
뒤돌아서서 엉 엉
나는 울었습니다.

관심 3

나 그동안
정말 몰랐는데,
어제서야 늦게
전해 듣고 알았습니다.

내가 그댈 보고서도
본 채 만 채 해서
그동안 그대가
삐져있었다는 걸…

나 그 말을 듣고
내색은 안했지만,
나는 그날 밤 너무 좋아서
당신을 생각하며 잠을 설쳤답니다.

나는 그대가 그렇게까지
내게 관심을
가지고 계신 줄은
진정 몰랐거든요!

감동 4

지평선 축제장에 갔다가
김치해물파전이 하도 푸짐하고
먹음직스럽게 보여서
파전 한 접시를 시켜놓고,

검은콩 찹쌀동동주는
관심도 없이 맛만 보고
파전만 식초간장에 찍어서
재미도 없이 먹고 있노라니…

파전이 아직 떨어지지도 않았는데
처음 보는 젊은 써빙 아줌마가
시키지도 않은 수육 한 접시를
말도 없이 그냥 갖다 놓고 갔네!

예쁜 아줌마의 호의에 감동이 되어
수육과 함께 동동주
한잔 한잔을 먹다보니
오랜만에 취기가 돌아 참 좋구나!

이메일 3

내 이메일을 받는 날은
살아있는 것만으로도
기쁘다고 말한
자존심이 대단한 사람이 있었는데…

지금 생각해보면
그 말보다 내게 더 좋은 말은 없었는데도
왜 그랬던지 그때는 부담이 되어
조금 있다가 메일을 끊었습니다.

그때는 그러는 것만이
나도 그렇지만
그 사람을 위해서도
잘한 일이라고 생각했었는데,

그 사람이 난치병을 앓고 있다는
소식을 듣고 나서
곰곰이 생각해보니
이다지도 마음이 아플 수가 없습니다.

안부 3

나의 영원한 소녀 쥬니야!
그 언제였던가 네가 귀국했을 때
내가 네 시를 쓰고 싶다고 했더니,
너는 이런 말을 했었지.

'저를 생각하고 쓰신다는 시
진심으로 받겠습니다.
엎질러진 물과 같아서 한 번
작품이 된 시는 주어 담을 수 없으니,

저한테 한 점 오점이라도
남기지 않게 하심은 제가 말릴 이유가 없겠죠.
감사하다는 말은
시집을 본 후에야 하겠습니다. 하더니만,

나는 약속대로 [소녀야]를 써서 발표했고,
그 시가 세상에 나와 강촌역에 걸려있는데도
너는 지금까지 응답이 없으니 어디에나 있는 거냐?
나의 영원한 소녀 쥬니야!

2부 해야 솟아라!

해야 솟아라!

해야 솟아라!
둥근 해야 솟아라!
넓고 넓은 호남평야
지평선 위에 두리둥실 벌겋게 솟아라!

산 넘어 검은 밤을
어서 살라먹고
불덩어리 둥근 해야
당당히 솟아올라라!

네가 떠오르면
암울했던 내 마음
다시 생기가 돌고
희망이 솟구치나니!

해야 솟아라!
둥근 해야 솟아라!
나를 살리고 지키는 둥근 해야!
벌겋게 더 벌겋게 어서 올라라!

밤은 싫어!

밤은 싫어.
나는 정말
밤은 싫어.

뉘라서 둥근 달이 뜨는
달밤을 낭만이 있어
좋다고 했나?

나는 달밤도 싫어.
밤에 못 된 일이 다
벌어지니 밤은 싫어.

밤에 걸려오는 전화도
밤에 찾아오는 사람도
다 싫어. 정말 싫어.

적선(積善)

조촌동 우체국에 가서
등기우편을 부치고
웃으면서 나왔더니
아내가 왜 웃냐며 꼬치꼬치 묻는다

내가 여직원 보고
야뭇딱스럽게도 생겨가지고
이뻐기도 하다고
칭찬을 좀 해주었더니,

어찌나 좋아하는지
나도 덩달아 좋아서
지금도 이렇게
웃고 있잖아?

그 여직원은 기분이 좋아서
오늘 하루 내내
혼자 웃고 있을 거야!
나는 돈 안들이고 적선을 한 셈이지!

일본 사람 딸갱이 밭에서

나 네 살 때 우리 어머니가
나를 업고 개정병원 옆에 있는
일본 사람 딸기밭을 지나다가
이쁜 딸갱이 하나를 따서 준일이 있었다는데,

딸갱이 맛을 본 애기는 그 맛을 보고는
더 달라며 떼를 쓰는데,
아무리 달래도 막무가내며
울면서 마구 뒹구니…

지나가는 어떤 남자가 왜 애기가
저렇게 우느냐고 물어보기에
딸갱이를 달란다고 했더니
애기를 누가 막겠냐며 따주라고 해서,

에라, 모르겠다!
죽을 각오를 하고 다시
일본 사람 밭에 들어가 한 주먹 따주었다고
어머니는 자랑삼아 말씀하곤 하셨습니다.

지경 장날이 오면

나 어렸을 때 지경 장날이 오면
어머니는 참깨 들깨 등
돈이 되는 것들을 덜어가지고
동네 아줌마들을 따라
십리나 되는 장에 가셔서 팔아가지고는,

아들딸들이 좋아하는 오다마는
단 한 번도 한 개도 사오지 않고
할아버지가 잘 잡숫는 홍어에다
아버지가 좋아하시는 생태만을
사가지고 오셔서 닷새를 대 먹었습니다.

탕건*을 쓰고 사시는 할아버지는
그게 못마땅해서
'고사동 아는 장날만 되면
용케 알어 가지고는 훤하게 차려입고
신바람이 난다,'고 하셨는데….

소문나게 근엄하셨던 할아버지도
말씀은 그렇게 하셨지만,
지금 생각해 보면
속내는 그다지
싫지 않은 모습이었습니다.

*탕건: 옛날 갓 아래에 받쳐 쓰던 관(冠)의 한가지로 외출했다가 돌아오면 갓을 벗어 탕건집에 넣어 보관하고 집에서는 탕건만 쓰고 살았다.

어머니 자리

새 천년 열흘을 남겨놓고
함박눈이 꽃잎처럼 흩날리던 동짓날에
93세 우리 어머니도
꽃잎처럼 그렇게 떠나셨는데,

거의 해마다 그렇듯이
올해도 동지가 되면서
포근하던 겨울날이
눈발이 흩날리며 갑자기 추워지네요.

어머니 살아계실 땐
동짓날이 오면 우리 집에서도
해마다 새알심 동지 팥죽을
끓여먹으며 좋아 했는데…

내 위에도 어른이 계셔서
나도 젊은이 행세를 하며 살았는데…
그리고 외로운 줄도 모르고 살았는데…
어머니 자리가 이다지도 큰 줄은 진정 몰랐습니다

어머니란 말만 들어도

어쩌다 딸이 와서
밥을 푸면
반 그릇쯤 퍼주는데,
그것이 정상인데…

아내는 언제나
고봉밥이어서
이걸 어떻게 다 먹으라고
그러느냐며 불평을 하면,

아내는 그건 잡숴야지.
늙으면 밥심으로
산다고 어머님이
항상 말씀하셨잖아요?

어머니란 말만 들어도 좋아서
나는 두말 않고 수저를 다시 드니
어머니는 가셨어도
날 좋게만 하십니다 그려!

천생연분

어머니 날 가지신 후로
송키가 너무 당겨 봄여름 내내
나무꾼 할머니 집에 가서
밤마다 배불리 송키를 벗겨 드셨으니…

나는 어머니 뱃속에서
송키를 먹고 자라서 그런진 몰라도
소나무 향이 너무 좋아
어려서도 송키를 즐겨 먹고,

지금도 소나무를 기르면서
내 평생을 두고
소나무와 더불어 살고 있으니…
소나무와 나는 천생연분입니다.

웃기는 양반 2

나는 오늘 주님이 너무 감사해서
주님께 드리는 춤을 신나게 추었습니다.

한 참 춤을 추고 나서
거울을 보았더니…

내 얼굴은 동안(童顔)인데(?)…
와이셔츠는 어먼* 구멍에 단추들이
제멋대로 들어가 있어
내 모습은 영락없는 꼽추였으니…

아내는 사래가 들려 웃지도 못하고
웃기는 양반
웃기는 양반…
똑같은 소리만 연발하고 있었습니다.

*어먼: 애먼의 방언

미꾸라지 탕

대야장에 갔다가
민물고기 장사한테 ……
미꾸라지 1킬로를
사가지고 온 일이 있는데,

나는 아무 의미도 없이
미꾸라지 장사가 이뻐다고 했더니
아내는 무엇이 이뻐냐며
나보고 눈이 삐었단다.

그 후에는 장에 가서
민물고기 장사 옆에만 가면
저건 다 중국산이라며
물어보지도 못하게 한다,

젠장 맞을 것
나는 미꾸라지 탕이
먹고 싶은데…
내 입이 방정이야, 방정!

물앵두 나무

빈집 수돗가에 외로이 서있는 물앵두나무야!
너 여기에 서서
이집 사람들 몇 대에게나
네 물앵두를 나누어 주며 살았느냐?

장수하신 이 집 할머니
살아계실 때만 해도
여름이 오면 이 집 사람들
네 물앵두를 따서 잼을 만들어 먹었다는데…

그때는 너도 외롭지 않고
식구들과 함께 사는 것 같이 살았을 텐데…
지금은 그때 잼 먹던 식구들
다 어디에 가고 너만 외톨박이가 되었느냐?

물앵두 빨갛게 익는 계절이 오면
떠난 식구들 행여 오려나 기다려 보는데
아, 한 번 떠난 정든 식구는
영영 돌아오지 않으니 이산가족이 되었구나!

눈썰매장에서

지곡동 알메산 눈썰매장에
엄벙하게 생긴 노인 하나
조심조심 빨강 썰매를 끌고
자박자박 걸어 올라간다.

무엇이 잘못되었나?
썰매는 타지 않고
한참이나 그냥 서서
어영부영 구경만 하더니만 …

아이고, 할아버지!
한 번 큰 용기를 내셨나봐?
겁도 없이
썰매에 앉아 쏜살같이 내려오시는데…

아이고~ 아이고~
이게 웬일이여?
젠장맞을 것!
참말로 인제 생심 없당게! 생심 없어!

얼굴 2

1987년 내가 임피중에 부임하던 해
너는 삐지기는 참 잘했지만
마음이 아주 예쁜 중3
단발머리 귀여운 소녀였었지!

그때 너는 내가 좋아서
내 수업시간만 되면 책걸상을 끄시고
반마다 날 따라다녔는데…
난 그런 줄도 모르고 네가 쌍둥인 줄만 알았어!

하루는 수업시간에 네 표정이 이상해서
쌍둥이, 지금 뭘 하고 있어?' 하고
널 불렀을 때, 와~ 하고
교실 안이 난장판이 되면서 들통이 났었지!

그 후로도 넌 1년 내내 수업시간이면
선생님 얼굴만 그리다가
졸업 때 내게 초상화를 건네주고 떠났었지!
네 얼굴이 정말 보고 싶구나!

나도 아직은

내가 보고 싶어 하던 사람!
오늘은 큰 맘 먹고 찾아갔는데,
그 사람은 투병생활이 힘들어
몰라 볼 정도로 딴 사람으로 변해있었네

그동안 항암주사를 30번을 맞았는데
아직도 그만큼 더 맞아야 한다 해서
돌덩이 같은 손을 만져주며
잠시 위로해주고 돌아왔는데,

이게 웬일인가?
올 때 그 사람을 살펴보니
손에서는 열이 나고
얼굴도 딴 사람이 되어있었으니…

나는 이제 늙어서
할 일이 없는 줄만 알았는데,
나도 아직은 할 일이 남아있구나! 생각하니
아아, 참말로 좋구나 좋아!

부부

11월 마지막 지경 장날
아내는 약국으로 들어가고
나는 혼자 차안에 남아
아내를 기다리고 있는데…

빨간 점퍼 차림의 정육점 주인이
가게 앞 테이블 위에
돼지 한 마리를 통째 올려놓고
손을 재빠르게 놀리고 있다

조금 있다가 빨강 셔츠의
아내가 나와서 도와주며
상냥스럽게 계속 웃고 있지만,
남편은 무표정 입을 꽉 다물고 있다

저 남편은 자기가
지금 얼마나 행복한데,
행복한 줄도 모르고 있다니까
그래, 더 늙어야 알겠지.

3부 천기(天氣)

천기(天氣)

오늘은 대서지나 중복 7월 27일
어찌나 덥고 힘 드는지
나도 모르게 철떡~ 철떡~
힘없이 걸음이 걸어진다.

그래도 은파 연못가는
그냥 지나칠 수가 없어
왕~ 왕~ 왕~ 왕~ 하고
왕 개구리를 다정히 불러보지만,

즈덜은 힘든 일도 없을 텐데
더위에 지쳤는가?
무슨 스트레슬 받았는가?
영 묵묵부답이로구나!

날씨 하나 안 좋으니
정말로 너희들까지도?
다 불통이로구나. 불통!
세상 돌아가는 거 별 것 아니라니까아!

외기러기

오늘 은파
세 바위 길을 거닐다가
말로만 듣던
외기러기를 보았네.

금강으로 갈까
만경강으로나 갈까
이리 갈까?
저리 갈까?

해도 이미 다 졌는데
공중에 떠서
빙빙 돌고만 있을 뿐
어디에도 갈 데가 없나보구나.

네 부모형제는 다
어디다 두고 왜 너만 홀로
왕따가 되었느냐?
이 불쌍한 기러기야.

세상구경

서울 둘째는 직장에 나가고
아내는 방에서 앉았다
누웠다하고 있는데…
나는 혼자 아파트촌 노인들을 찾기로 했다.

아침부터 혀 꼬부라진 소리로
개새끼 소리만
연거푸 내 퍼붓고 있는
한 노인의 넋두리를 들어보기로 한다.

'내가 그렇게도
오지 말라고 했는데…
어거지를 쓰고
다 싸 짊어지고 쳐 들어 와서는…

아이고오 개새끼 개새끼…
전기세도 안내고…
아무것도 내지 않고
무위도식을 해, 무위도식?'

깡소주 병 나팔을
또 한 번 불고 나서는
'아이고오 내가 어서 죽어야지?
개새끼 개새끼 개새끼… '

고추방앗간에서

무릎 수술을 하고
기어 다니면서
두 늙은이
고추농사를 지어서,

자식들한테 부쳐주려고
고추 백근을
바수러 왔다는
80대 노부모에게,

자녀가
몇이나 되는데
이렇게도 많이
바수러왔냐고 물었더니,

첫째와 둘째는
부모 고생 안 시킨다고
그냥 달도 않고
마른고추로 가져갔단다.

고추 값은
받느냐고 물었더니,
주면 받지만
어떻게 달라고야 헌데요?

한 부모 열 자식은 키워도
열 자식
한 부모 봉양은
못한다더니…

건강

내가 회현면 시골집에서 살 때
토종 유정 란을 좀 먹으려고
토종닭 여덟 마리를 사다가
소나무 분재 밭에 넣어 방목을 하는데…

유독 쌍알을 낳아
내가 이뻐하는 노랑 닭은
계속 울타리를 넘어 나와
배추 밭 한 쪽을 망쳐놓고 있지만…

내게 기쁨을 주는 놈을
말썽 좀 부린다고 없앨 수는 없어
기발한 아이디어(?)를 생각해 냈으니
날개쭉지만 살짝 묶어놓으면 된다는 걸…

그렇게 연구하면서 애지중지
키워놓은 토종닭도
나 하나 건강을 잃으니
진짜 다 허사일 뿐 내 것이 아니로구나!

대장내시경

2016년 7월 18일
원대병원 수술대 앞에서
0.1% 죽을 수도 있다는 대장내시경
선종 시술을 하려고 벌벌 떨고 있는데…

어떤 중년아줌마가
내 옆자리에 와 앉으면서
속도 모르고 날 보고
나이는 좀 들었어도 참 멋지단다.

그러면서 지금은 의술이 발달하여
선종 시술은 손 하나 까닥 않고
기계가 알아서 한다니
내 뛰던 가슴이 순식간에 쫙 가라 앉는다.

아, 나 같은 사람은 병원도 못 다니겠구나!
이 여자를 안 만났으면 나는
이 0.1%에 들 거라 생각하니
정말로 아찔하구나! 아찔해!

산비둘기 2

보슬비는 오는데…
7월 장마 비는 내리고 있는데…
아침해장부터 산비둘기 한 마리
비를 맞고 초췌한 모습으로
은파 알메산 소나무 위에 앉아있다.

까치도 깍새도 다른 산비둘기도
참새들까지도 분주히 왔다갔다
야단법석들을 피우고 있는데…
저 산비둘기 왜 꼼짝도 않고
비를 맞으며 먼 산만 바라보고 있을까?

아무래도 저 놈한테 무슨 말 못할
사연이 있나 본데 그게 뭘까?
어젯밤 부부싸움을 하고 나왔지만
막상 찾아갈 곳이 없어
저렇게 넋을 놓고 앉아있나 보지?

솔개 2

나 어릴 제 보던 솔개야!
너 정말 반갑구나!
이젠 영원히 못 보는 줄만 알았더니
어디 갔다 이제 왔느냐?

생각해 보면 니가 있어서
참 좋았는데도 나 어려서는
네가 우리 병아리를 차간다고
널 미워만 했었어.

그런데 너 가고 없으니
까치 깍새들이 판을 치고
어찌나 행패를 부리는지
원, 농사를 지어먹을 수가 있어야지…

너 하나 창공에 뜨니
안하무인 까치 깍새놈들
다 어디로 갔는지 꼴도 보이지 않아
정말 얼마나 좋은지 몰라!

이젠 예뻐만 해줄 테니
호리개* 떴다. 병아리 감춰라.'
옛날노래도 부르면서
옛날처럼 그렇게 같이 살자꾸나!

*호리개: 솔개를 전라도에서는 호리개라 했다.

인사 한 마디가

은파
유원지에 가서
걷기운동을
하는데

내 또래
할머니가
너무
처량하게 보여서

활짝
웃으며
"안녕하세요."
인사를 했더니

할머니는
너무
좋아서
함박꽃이 되었네?

아,
인사 한 마디가
사람 하나를
살리는구나, 살려!

시행착오

장에 가서 자두나무를 사면서
하나는 1년생 묘목을 사고,
또 하나는 바로 따먹으려고
4년생 나무를 사다 심었는데…

묘목으로 심은 나무에서는
3년이 되면서 자두가 열리고
이듬해엔 나무도 엄청 크고
열매도 반질반질 많이 열렸지만…

옮긴 나무에선 그 해 꽃만 한번 피고 나서
계속 꽃마저 피지 않다가
4년이 되어서야 나무도 기형인 것이
봉퉁아리만 몇 개 열렸으니…

자두는 맛도 못 보고
기형나무만 캐어내느라 힘만 들었네.

장마 2

나는 장마가 참 좋아!
장마가 없이 무더운
7월 한 달을 산다고 해 봐.
더워서 어떻게 살겠어?,

4계절이 있는 우리 민족은
참말로 복 받은 민족이야!
전쟁이 날까 걱정하는 사람도 있지만
다 죽는 전쟁을 왜 하겠어?

지금 아무리 잘 못 된다 해도
때때로 안 좋으면
때때로 좋은 날도 온다고
성경말씀에도 있잖아?

그러니 감사만하며 살아야겠어!
아무리 힘들어도 길어봤자 한 달이니
꾹 참고 기다리면
산들바람 불어오는 날은 꼭 온다니까!

달래무침

전에 먹던
달래무침은
이름값도 못하고
짜도 맵도 않고 무맛이어서…

오늘 동생 석필이가 캐온
자연산 달래에는
깨소금을 몽땅 넣어보았더니…
이다지도 별밀 수가 없구나!

그동안 이 좋은 달래를
지천으로 놓아두고도
외면하고 살았으니
나 올봄부턴 달래나 캐러 다녀야겠네!

아무리 그래도 그렇지~!
아낄 것이 따로 있지~!
이 나이에 먹고 사는 양념까지
아껴서야 원, 말이 되나?

칼 판

우리 집 소나무 칼판이
가상 자리가 썩었다며
아내가 가지고 와서
썩은 부분을 잘라준 일이 있었는데…

아내를 보고 사람들은
요즘 세상에 칼판 하나를 사서
40년을 쓰고도 더
고쳐 쓴다며 웃고들 있는데…

이번엔 휘슬러 주방기구 총판이
우리 집에 다니러오면서
선물로 칼판을 가지고 왔는데,
3년도 못가서 망가져버렸네.

산업사회에서 소비는 물론 미덕이지만
신제품이 나올 때마다 바꾸고,
쓰다가 싫증나면 버리는 사람보다
고쳐 쓰는 사람이 복 받은 사람이란 걸 사람들은 모른다.

4부 은파에서

토방돌

꿈에도 그리던 60여 년 전
우리 집 토방돌이 지금도 원형그대로
역멀 고향집 화단
둘레 석으로 남아있다니!

고향에서 20년을 하루같이
하루에도 백번도 더
우리가족 3대가 밟고 건너다녔던
발자취가 박혀있는 유일한 유물!

그 토방돌을 빨리 찾아가서
옛날처럼 건너도보고
디뎌도 보고
깔고 앉아서 어루만져도 보면서

사랑하는 부모형제
우리할아버지 할머니
그리고 작은집 식구들 모습을 그리며
아름다웠던 옛 추억에 잠겨보고 싶다!

행복

세상에서 제일 무서운 게
고독이라 말하던 사람이
근래에 와서 가끔 생각나는 것은
나도 그 말에 공감하기 때문일까?

그래서 내가 무심코
고독이란 말이 제일 무섭다더니
그 말이 맞는 지도 몰라?
아내에게 슬쩍 흘려봤더니,

아내는 펄쩍뛴다.
예수님 함께 하시고 당신이 계셔서
우리는 세 식구가 함께 사는데,
그리고 당신도 나만 보며 사는데…

예수님도 믿지 않는
독거노인이 얼마나 많다고,
나는 세상에서 지금이
제일 행복하답니다.

카네이션 2

늦둥이 손자가 어버이날에 사온
카네이션 화분을 보고나서
양지바른 곳에 옮겨 심어놓고
깜빡 잊고 두 달을 지나다가

오늘에야 어쩌다 새로 핀
빨강 꽃 카네이션이 눈에 띄어
늦둥이 손자 형문이가
생각나서 너무 좋았는데…

장마가 오기 전 연일 불볕으로
타죽은 줄 알았던 카네이션이
두 달 전보다도 더 색깔이 찐하고
꼭 저같이 실팍하게 뿌리를 내렸구나!

앞으론 내가 깜빡 잊고
겨울에 돌보지 않아도
차고 건너 모과나무 낙엽이 저절로 날아와
이불을 덮어 줄 테니 너는 운이 참 좋구나!

철쭉꽃을 보면서

아파트촌 은파 코아루에서
무리를 지어 피어있는 철쭉꽃이
연분홍 꽃과 연초록 잎이
서로 어우러져 피어있는 모습은,

어찌나 아름답게 보이는지
아내가 보고는 너무 예쁘다며
'부부 꽃' 이라
이름 지어줘야겠단다.

아내의 말을 듣고 나서 보니
건너편에 꽃만 외롭게
피어있는 빨강 꽃은
초라하고 볼품이 없어 보인다.

그래, 꽃만 외롭게
피어있는 것 보다야
잎과 꽃이 어우러져 피어있으면
품위가 있어 보기도 좋고 든든하지!

한증막에만 오면

아내를 따라
한증막에 갔다가
허브 저 온실에 들어가니
처음 보는 중년 여인이 벌떡 일어나,

자기가 누워있던 자리도
베개까지도
수건으로 닦아주며
고분고분 자리를 권하더니만,

빈 컵을 가지고 나가서
씻어다가
허브 차까지 빼주고는
잠시 대화를 나누다가 그 여인은 갔는데…

세월이 아무리 흘러도
한증막에만 오면
그 여인의 다정한 얼굴이
두고두고 아련히 떠오르는구나!

또 가을

벌써
또 가을인가보다!
내 마음 이렇게
시려오는 걸 보면.

그간에도
언제나 그랬듯이
올해도 이렇게
또 한 해는 가고 있는 걸까?

아직도
할 일은 많이 남아 있는데
아, 무심한 세월이
영 기다려주질 않는구나!

은파에서

은파 벚꽃 구경을 갔다가
'사랑의 문' 앞 둥그런 평상에
혼자 걸터앉아 천태만상의
관광객들을 살펴보고 있노라니…

술집 앞마당에서 들려오는
간드러진 섹스폰 소리가
어찌나 그렇게도 내 마음을
속속들이 후벼내고 있는지 모르겠구나!

그 중에서도 70년대 초에 유행했던
가곡 긴 머리 소녀는
내게 그걸 불러주며 가르쳐주던
티 없이 맑은 소녀가 생각나서 더 좋았는데…

지난 것들은 이렇게
추억으로 남아 좋기만 하니
내가 지금 여기서 보고 느끼는 것들도
몇 년 있으면 다 아름다운 추억으로 남아 있겠지?

중년층

오늘 조선일보에서
이제 백세시대니 중년층도
6,7십대가 되어야 한다는
기사가 3개 면을 차지하고 있다.

그 기사를 읽고 힘이 불끈 솟으면서
떡 대가 나보다 큰 간호사를 보고
나도 이제 중년이야!
나하고 팔씨름 한 번 해볼까?

나보다 손이 더 큰 간호사와
파듯이* 이기고 나서
이제부터 나보고
오빠라고 해야 돼 알겠지?

의기양양하게 돌아오면서
곰곰이 생각해 보니
아차! 내가 오늘 또 실수를 했구나.
지금 막심을 써서는 안 되는데?

*파듯이: 전라도 사투리로 전 힘을 다해서 겨우 란 뜻

두 얼굴

언제나 봐도
생글생글
사글사글 웃는 모습이
너무 예뻐만 보이는 사람!

하는 짓이
너무나도 맘에 들고
예뻐서 집에서도
그렇게 사느냐고 물어봤더니,

남편이 옆에서 듣고는
"나는 집에만 가면 꼼짝도 못해요."
엉겁결에 볼 멘 소리(?)를
내뱉고는 눈치를 살핀다.

집에서 얼마나
꼼짝 못하게 잡아놨으면(?) …
참 잘도 길들여놨군,
잘 들여놨어.

추석

나 어릴 때 추석은 정말
백 밤을 손꼽아 맞이하던
연중 최고의 날이었는데…

이젠 일 년 중에서
가장 두려운 날이고
최고 싫은 날이 되었으니…

우리 어머니가 그랬던 것처럼
나도 벌초 때문에
너무 걱정이 되기 때문이다.

지금 살아있는 부모도
나 몰라라 하는 세상에
조상 묘야 누가 찾아나 보겠습니까?

팔순(八旬)

나이가 들면 마음도 변하도록
하나님이 만드셨다고 하더니만
70대까지만 해도 나이 먹는 게
싫기만 했는데…

팔순이 되면서부터
오히려 감사만하다.
지금 백세시대라고는 하지만
환갑도 못 살고 죽는 사람이 얼마나 많은데…

이 아름답고 좋은 세상!
거꾸로 매달려 살아도
이세상이 좋다고 하는데…
그 동안은 일만하며 마구 살아서 건강을 망쳤으니…

이제부터라도 건강을 생각하며
하루하루를 잘 살아서
한 해를 잘 보내고
또 새해를 맞이하는 게 얼마나 좋은가!

여고 졸업반

1979년
옥구종합고등학교(현 군산남고)
가정과 3년 54명
내 사랑하는 제자들아!

방과 후 해가 지도록 남아서
재식 훈련을 받던
그 고달픈 학창시절을
너희들은 꿈에서도 잊을 수가 없겠지?

졸업을 몇 달 남겨두고는
종례시간에 담임과 함께 부르고 싶어
선생님이 교실에 막 들어서면
여고졸업반을 곧잘 합창하곤 했었지!

‘아무도 몰라 누구도 몰라
우리들의 숨은 이야기’를 부를 땐
숙연해지던 너희들의 얼굴을
나는 한 번도 잊어본 적이 없단다.

5부 땅메뚜기

땅메뚜기

내 어릴 제 동무들과
할아버지 몰래
삼복 땡볕에 나가
땅메뚜기를 잡으려고 꽤나 쫓아다녔지!

고놈은 어찌나 잽쌌던지
허탕을 치기가 일쑤였는데,
어쩌다 재수 좋은 날 하나라도 잡으면
다리를 실로 묶어놓고 같이 놀았는데,

지금도 여름이면 땅메뚜기는
가끔 볼 수 있지만
같이 놀던 동무들은 다 어딜 갔길 래
아무도 보이질 않을까?

그런데 지금 나는 왜
그다지도 좋아 쫓아다니던
땅메뚜기를 보아도 반갑지 않고
멍하니 바라만 보고 있을까?

목련화 꽃

은파 코아루 103동 502호 창문을 열고
한창 무르익는 봄내음에 취해
우리부부 백목련
꽃구경을 하고 있노라니,

꼬마 형제가 어디선가
짤막한 장대를 주워가지고 와서
폴짝폴짝 그 예쁜 백목련을
휘두르며 좋아하고 있다.

아이고, 저런저런…
나는 요놈들을 단단히 혼구멍을
좀 내 주려고 하고 있는데,
아내가 먼저 부드러운 목소리로,

얘들아!
너희들은 참 예쁘기도 하구나!
근데 지금 꽃이 엉 엉 울고 있어!
너희들은 저 울음소리가 안 들리니? 응?

아이들은 고부고분
예 예 예… 하며 떠나고 없지만
나는 속으로
아내 보기에 부끄러워서…

우리 할아버지

훈장 아버지의 4형제 중 둘째로 태어난
우리 할아버지(幸자숙자)는 어려서부터
독립심이 남달라서 큰 집은 동네에서
단 하나밖에 없는 기와집이었지만,

혼자 손수 지은 3칸 토담 옴팡집으로
쌀 한 동이 할머니 머리에 이고
물항아리 하나에 세 식구 그릇 몇 점
바작에 담아 짊어지고 분가하셨답니다.

송곳으로 찍을 땅하나 없이
품팔이로 입에 풀칠을 하면서도
물을 퍼올리는 싹은 곱싹을 주는데도
한몫만 받아가지고 오셨으며,

품싹을 올리려고 공론이 벌어질 때마다
할아버지는 앞장서서 반대하면서
그렇게 28년을 사셨는데…

1936년 내가 태어나던 해 쉰 살에
일본인 지주 마름*으로 있던 사촌 형님이
만평 논을 소작으로 주셨으니…

할아버지는 하루아침에 벼락부자가 되어
1945년 해방이 되던 해부터는
설 추석 양 명절이 오면 근동 무농가 찾아
기민*을 주며 사시다가 88세에 돌아가셨습니다.

*마름: 지난 날, 지주의 위임을 받아 소작지를 관리하던 사람.
*기민: 굶주린 백성에게 쌀을 무상으로 나누어 주던 일

아내의 시집살이

아내는 어려서부터 노인을 좋아했다는데,
내게 시집올 때 사람들이
할아버지 할머니 계신 집으로
시집가서 시집살이 하겠다며 걱정을 하면,

노인이 계셔서 더 좋다고 했단다.
스물한 살에 내게 시집 와서
할아버지 할머니한테 어찌나
예쁨을 받았는지 몰랐으니,

우렁 하나만 보아도 꼭 찍어다가
할아버지 수저 위에 놓아준다며
근엄하신 할아버지까지도 자랑을 했으니
할머니 할아버지는 얼마나 좋았겠습니까?

노인에게 잘하면 장수의 복을
받는다는데,
대를 이어가면서 장수하며
건강하게 살았으면 참 좋겠다.

사계군방도(四季群芳圖)
-고 안영균 화백-

한국문화예술협회 회장이었던
추암 안영균(秋庵 安永均) 화백님은
당신의 작품 사계군방도를 손수 안고 오셔서
우리 부부에게 건네주셨고,

내 작품 [구름이 되어] [그대여]
[산다화] 세편을 서화로 만드셔서
산다화는 서울시 명의로 을지로 4가
지하상가 분수대 정원 벽에 걸어놓고,
구름이 되어는 본인 집에 걸어놓았는데,

내 집에 오시면 공기가 좋다며
꼭 집에서 주무시고 가시던 님께서
2014년 4월 17일 타계하셨으니,

'인생은 짧고 예술은 길다.'란
말과 더불어 큰 갓 도포차람의
6척 장신 님의 모습이
숙연히* 되새겨 지곤 합니다.

*숙연(肅然)하다: 고요하고 엄숙하다.

하누락*

내가 현직에 있을 때
선생님 한분이 가래 때문에
숨쉬기가 힘들어,

여름방학 때 서울대 병원에서
수술하기로 예약을 해놓았다고 하기에,
내가 가래 특효약을 알려주었는데…

며칠이 지난 후 출근시간에
선생님은 교무실에 들어서자마자
날 향해 큰 소리로 외쳤네!

그런 좋은 약이 있으면 진즉이
세상에 널리 알렸어야지이~!
날 향해 열 번이나 절을 했네.

*가래 특효약 처방: 하누락(건재상에 있다.) 10개 정도를 10리터 정도의 물로 한 시간 남짓 끓인 다음, 하누락은 건져내고 그 물로 감주를 해서 하루에 세 번 식간(食間)에 한 대접씩 마신다. 가래가 나오는 사람에게는 누구에게나 해당된다.

맹감나무*

산에 올라가면
천지가 맹감나문데,
그것이 몸속의 수은과
중금속을 제거하는 특효약이란다.

잎도 뿌리도 다 약이 되어
일본에서는
맹감나무 잎으로
떡을 싸먹는 풍습이 있다니,

이렇게 좋은
건강식품을
곁에 두고도
몰라서 못 먹었구나!

나는 이 말을 듣고
그날 바로
맹감나무 뿌리를 캐다가
폭폭 고와먹었네.

*맹감나무 약효는 인터넷에 들어가면 있다.

산소

조부모님 합장(合葬)을 하고
부모님 사초(莎草)를 하고나서
첫 추석 성묘 후 보름 만에
조상님들 산소에 또 갔습니다.

잡초를 뜯어주며 곰곰이 생각해보니
작년 봄에 조부모님 합장을 한 일은
내가 꼭 해야 할 일을 한 것만 같아서
흐뭇하기 그지없었습니다.

생각할수록 나는 너무 흐뭇하고 좋아서
할머니 할아버지 묘를 쓰러 안고
애기마냥 한 참이나
응석을 부리다가 돌아왔는데

나의 이 모습을 할아버지 할머니가
아신다면 얼마나 기특해 하며
좋아하실까 생각하니
이렇게 좋을 수가 없습니다.

비오는 날

군산 월명공원에
장마 비가 내리던 날
나 혼자서 공원에 올라
정처 없이 걷고 있노라니,

우의를 입고 걷기 운동을 하는
별난 등산객이
어쩌다 눈에 띌 뿐
공원은 적막하기 그지없고,

발아래 펼쳐있는
망망한 서해바다도
안강망 고깃배 한 척만
멀리 보일 뿐 텅 비어있다.

비 오는 날엔 내 마음만
허전한 줄 알았더니
여기 와보니
다 텅 텅 비어있구나!

구구팔팔 장로님

한국장로신문을 보니
98세의 장로님이 발목치기 운동을
하루에 삼천 번 씩 20년을 하고 나서
아주 좋다며 권유하기에,

나도 2011년 10월 10일 시작해서
실내 자전거타기 300번씩 하다가
지금은 100번씩 하고
발목치기는 600번씩 하고 있는데,

98세 장로님만은 못해도
그동안 계속 하느라 힘이 들었지만
해가 갈수록 몸이 변하는 걸 보니
좋아지는 재미가 더 좋아서 계속하고 있습니다.

2016년 6월 29일 비만진단을 처음 해봤더니
골격근량은 27.0 키로그램
체지방량은 14.3 키로그램 이라며
조사원이 엄지손가락을 내보이니 나도 권합니다.

누렁이

구율서 살 때
찌는 듯 삼복 무더위가
막바지 기승을 부리던 날
저녁 해 설핏해서 동네 산책을 나섰더니,

빈 집에서 홀로 집을 지키고 있던
덩치 큰 누렁이 한 마리가
나를 보더니 짖지도 않고 엉금엉금
목태까지 끌고 내 뒤를 따라온다.

두려운 마음에 부채를 휘두르며
오지 마. 저리 가. 오지 말래두…
아무리 개를 쫓아보지만,
개는 오히려 좋아하며 반기는 표정!

내가 서면 저도 서고
내가 걸면 또 따라오고 계속
그러다보니 두려운 마음은 사라지고
가슴이 찡하니 늙은 개가 가여워 마음이 아파온다.

저 개도 혼자 얼마나 외로웠으면
두려운 줄도 모르고 목태까지 질질 끌면서
목숨 걸고 낯 선 사람을 따라오고 있을까?
정말 고독이 죽음보다 더 무섭단 말인가?

8 · 15가 오면

해마다 8.15가 오면
내 어릴 제 고향집 사랑채 헛간
평상에 열 한 식구 모여앉아
만세를 부르며 기뻐하던 모습이
지금도 생생히 떠올라서 좋아라!

우리 집 흙돌담 아래 뙤약볕에서
땅메뚜기를 잡다가 몰래 들어와
왜 저렇게 좋아들 하느냐고
할머니에게 물어보던
삼베 반잠뱅이 내 모습도 떠올라서 좋아라!

일본의 압제에서 벗어났다는 말이
그 얼마나 신이 났던지!
어디를 가도 풍장소리 그득하고
대한독립만세 소리 천지를 진동시켰으니
그때의 감격 어이 말로 다 표현하랴!

그런데 지금 다시 일본이
우리 땅 독도를 자기 땅이라고
생트집을 부리고 있으니…
그래서 옛날에도 우리나라 말에
소가 다 웃는다고 그런 말들을 하곤 했을 거야!

내가 당한 한국전쟁 8
— 1. 4후퇴 —

군산항에서는 부산으로 떠나는 피난선이
날마다 부~웅 부~웅
새끼 잃은 암소마냥 처량하게 울어댔으니…
내 평생 그렇게 슬픈 소리를
나는 여직껏 들어본 적이 없습니다.

중공군이 인해전술로 밀고 내려와
서울이 다시 공산군에게 함락되자
사람들은 목숨을 걸고
앞을 다투어 피난을 갔으니…

할아버지가 식구들을 모아놓고
열 한식구가 다 죽을 순 없고
세 사람만이라도 피난을 시켜
씨라도 남겨놓아야 한다고 해서
우리 세 식구는 피난보따리를 챙겨놓고
차마 떠나질 못하고 울고 있었는데…

내 평생 가장 기뻤던 소식!
중공군이 다시 유엔군한테 밀려
피난 가던 사람들이
되돌아온다는 것이었으니
우리는 죽었다가 다시 살아났네!

해야 솟아라!
(고석원 제 18시집)

지은이 / 고 석 원

2016. 10. 25 초판 인쇄
2016. 10. 31 초판 발행

펴낸곳 / 도서출판 엠-애드
펴낸이 / 이 승 한
서울시 중구 마른내로8길 30
전화 / 02)2278-8063/4
팩스 / 02)2275-8064
E-mail / madd1@hanmail.net
등록번호 / 제2-2554

정가: 9,000원

ISBN 978-89-6575-090-1